PANÉGYRIQUE

DE

SAINT DOMINIQUE

Prononcé au Havre, le Samedi 4 Août 1894

DANS L'ÉGLISE PAROISSIALE DE SAINT-MICHEL

PAR M. L'ABBÉ WEHRLÉ

Vicaire à Saint-Jacques du Haut-Pas.

PARIS

J. MERSCH, IMPRIMEUR

4bis, AVENUE DE CHATILLON, 4bis

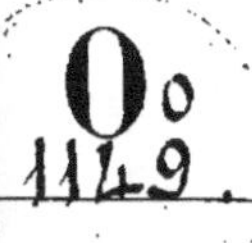

PANÉGYRIQUE

DE

SAINT DOMINIQUE

Prononcé au Havre, le Samedi 4 Août 1894

DANS L'ÉGLISE PAROISSIALE DE SAINT-MICHEL

PAR M. L'ABBÉ WEHRLÉ

Vicaire à Saint-Jacques du Haut-Pas.

PARIS

J. MERSCH, IMPRIMEUR

4 bis, AVENUE DE CHATILLON, 4 bis

PANÉGYRIQUE DE SAINT DOMINIQUE

Prononcé au Havre, le Samedi 4 Août 1894

DANS L'ÉGLISE PAROISSIALE DE SAINT-MICHEL

Par M. l'abbé WEHRLÉ

Vicaire à Saint-Jacques du Haut-Pas

—————— ⟩⟨⟨ ——————

Mes Révérends Pères,
Mes Frères.

Dépendants des conditions communes du temps et de
l'espace par leur naissance, qui les fait les enfants d'une épo-
que particulière, et par les événements de leur vie, qui ont
pour théâtre des contrées définies, les saints dépassent par
leur mission les limites étroites du siècle qui leur a donné
le jour et de la terre qui les a nourris. Leur sainteté même
les marque à tout jamais du double caractère d'immortalité
et d'universalité auquel participe et se reconnaît tout ce qui
est divin. Nous voyons l'œuvre de Dieu se développer ici-bas
à travers la durée et à travers l'espace ; mais nous savons
aussi que, par son unité spirituelle et invisible, cette œuvre
domine la durée et l'espace, et qu'elle est accomplie dans les
siècles qui périssent en vue des siècles qui n'auront pas de
fin. Si la vie du Sauveur Jésus a son heure et son lieu dans
l'histoire, sa Rédemption embrasse tous les temps et toutes
les régions de l'univers, et le marteau qui cloue ses pieds
et ses mains à la croix du Calvaire fait retentir les échos pro-

fonds de l'éternité. Or les saints sont les ouvriers de l'œuvre divine, les associés et les continuateurs de la Rédemption du Christ, et voilà pourquoi ils ne sont pas seulement les hommes d'un certain jour et d'un certain lieu du monde mais les bienfaiteurs et les modèles de toutes les générations humaines.

A ce titre, ils méritent que nous les connaissions, ne fût-ce que pour les remercier. Car quel est celui d'entre nous qui pourrait recevoir un bienfait mystérieux et de grand prix sans chercher à découvrir la main discrète et généreuse à laquelle il en est redevable? Et si, fatalement, le nom même de beaucoup d'entre eux demeure enseveli pour nous dans les ténèbres de l'ignorance personnelle ou de l'universel oubli, n'est-ce point une raison de plus pour rappeler à notre souvenir ceux dont nous pouvons demander les actes à l'histoire et que nous devons particulièrement aimer?

Saint Dominique, fondateur de l'Ordre des Frères Prêcheurs, est de ce nombre. A la différence de ces saints qui ont vécu et qui sont morts dans l'isolement de l'action individuelle et qui n'ont pas gardé d'autre bien avec la postérité que le souvenir, souvent bien vague, des vertus personnelles par lesquelles ils ont contribué à l'œuvre générale du salut, Dominique s'est survécu et se survit encore à lui-même, depuis près de sept siècles, dans une famille nombreuse et illustre, dont il est le père, et qui est demeurée la gardienne fidèle et incorruptible de son histoire, de son esprit et de ses lois, la continuatrice de son œuvre et l'héritière de ses vertus. Et cette famille, en même temps qu'elle reste parmi nous comme le témoin immortel du glorieux patriarche, — témoin que nous n'avons qu'à interroger pour être instruits, — elle appelle et elle commande, par sa présence même dans notre société, une connaissance de ses origines qui est le besoin de tout esprit sérieux et de tout cœur reconnaissant. On ne peut voir en effet une œuvre de cette importance sans vouloir remonter à son berceau et en apprendre la genèse, comme le voyageur ne passe pas devant un monument considérable sans demander le nom de l'architecte. Et l'on ne peut non plus recueillir toujours, dans les écoles et au pied de la chaire chrétienne, les trésors d'une science toute divine et d'une éloquence large et vraie sans désirer connaître et honorer la source première d'où elle découle, après Dieu.

C'est ce que nous entreprendrons aujourd'hui en jetant un coup d'œil rapide sur l'histoire de saint Dominique. Nous y ferons deux parts. La première comprend les longues et laborieuses préparations où Dieu façonne et pétrit l'homme dont il a besoin pour son œuvre, et où l'élu de Dieu, de son côté, donne à son Maître de tels gages d'amour et de correspondance à ses desseins que ces deux facteurs vivants de toute œuvre grande et féconde ici-bas, Dieu et son élu, sont désormais sûrs l'un de l'autre et fondus dans une indissoluble unité : ce sera rappeler à grands traits quarante-cinq ans d'une vie qui fut courte. La seconde part renferme la floraison et l'épanouissement merveilleux de l'Ordre des Prêcheurs: ce sera dire l'œuvre de Dominique et montrer, dans les six dernières années de son existence, une fécondité et une gloire qui sont en vive opposition avec les résultats visibles de la période qui précède. Le Sauveur Jésus a consacré trente ans à la prière et à la vie cachée : il en a donné trois à l'œuvre pour laquelle il était venu. Si une vie ressemble à la sienne par la disproportion apparente entre le temps de la préparation et le temps de l'exécution, c'est bien celle de Dominique qui ne mit positivement la main à une œuvre qui devait être séculaire que six ans avant de mourir.

I

C'est en l'an 1170, vers la fin de ce xiie siècle où l'Église commença d'atteindre l'apogée de sa puissance et de sa gloire, que Dominique naquit en Espagne, d'une famille noble et illustre, dans une petite ville de la Vieille-Castille appelée Calaruéga et placée sur le cours du Duéro, à peu de distance de l'évêché d'Osma. Il eut pour parents Félix de Gusman et Jeanne d'Aza. La main de Dieu était déjà sur lui, comme en témoignent les signes qui précédèrent sa naissance et qui accompagnèrent son baptême, et qui marquent dès lors le caractère spécial de sa mission. C'est un flambeau allumé que sa mère lui voit promener à travers le monde ; c'est un rayonnement mystérieux que sa marraine aperçoit sur son front : double symbole emprunté à la lumière et qui présageait bien les destinées de celui qui devait fonder « l'Ordre de la Vérité ».

Mais, avant tout, Dieu voulait en faire un chrétien. Quelque mission bienfaisante qu'une créature libre soit appelée à remplir sur la terre, dans le monde ou dans le cloître, dans l'état laïque ou dans le sacerdoce, dans la guerre ou dans la paix, si elle doit réellement travailler à l'œuvre de Dieu, il faut qu'elle soit trempée dans la foi et dans l'amour. Car les vertus essentielles du christianisme ne sont pas différentes dans le prêtre et dans le laïque, dans le savant et dans le soldat, dans le moine austère et dans la jeune fille délicate. Qui ne bâtit pas sur une forte éducation chrétienne, édifie sa vie sur le sable et ne fera jamais ici-bas qu'une œuvre médiocre, mélangée et infectée de paganisme.

Dominique était à bonne école pour recevoir les impressions et les enseignements de la foi. Et il faut croire qu'une sève religieuse bien vivace coulait dans les veines de cette noble famille espagnole, puisque, des deux frères de notre héros plus âgés que lui, l'un mourut prêtre et au service des pauvres et l'autre finit sa vie sous l'habit des Frères Prêcheurs. Son enfance apprit ainsi à connaître et à aimer le Christ au sanctuaire du foyer domestique, entre un père et une mère qui vivaient eux-mêmes de la vie de la foi et qui avaient puisé largement à cette source d'eau vive qui, seule, peut apaiser la soif des âmes généreuses. Il accomplit de la sorte sa septième année. Le comte de Maistre a écrit quelque part qu'à cet âge le cœur de l'enfant est déjà formé pour le bien ou pour le mal. Ce que nous pouvons dire, c'est que Dominique avait reçu, au plus profond du sien, dans les leçons et les exemples de ses parents, des germes précieux et les premières semences d'une riche moisson de vertus.

Mais son adolescence allait passer sous une tutelle plus auguste encore. Si rien ne peut suppléer, dans l'éducation

chrétienne bien comprise, l'influence salutaire d'un père et
d'une mère qui servent Dieu et qui apprennent à leurs enfants
à le servir, il y a une autre action qui doit s'exercer aussi et
compléter la leur : c'est celle du prêtre. Dominique allait la
recevoir pendant huit ans d'un homme en qui la puissance et
la douceur des liens du sang rendait l'autorité du sacerdoce
à la fois plus forte et plus aimable. A l'âge de sept ans, en
effet, il fut envoyé à Gumiel d'Izan, non loin de Calaruéga,
chez un oncle qui y remplissait les fonctions d'archiprêtre.
Il passait ainsi à l'école de l'Église sans quitter celle de la famille : grâce éminente pour un jeune cœur qui ne saurait
être formé à la virilité que sous la protection d'une tendresse
presque maternelle. Lorsque, à sa quinzième année, il quitta
le presbytère de son oncle, son éducation chrétienne était
achevée et il pouvait aborder sans crainte ces années diffi-
ciles de la jeunesse où l'intelligence voit l'horizon de la vie
s'élargir devant elle, où le cœur commence de battre plus vite
et plus fort, et où les grandes pensées sont seules capables
de préserver les âmes ardentes des grands périls.

Ces hautes préoccupations, il n'en portait pas seulement
en lui l'instinct profond : il allait encore en trouver l'aliment
dans les études supérieures qu'il était sur le point d'entre-
prendre. Car Dieu, qui avait ses desseins sur lui et qui le
destinait à être une lumière de l'Église, ne voulait pas seulement en faire un chrétien, mais un homme de savoir et de
doctrine dans l'ordre des connaissances humaines et dans
l'ordre des sciences sacrées. Aussi, en quittant Gumiel d'Izan,
il prit le chemin de Palencia où se trouvait la seule Univer-
sité que possédât alors l'Espagne et où il passa dix années de
sa vie. Les lettres et la philosophie ne suffisant plus bientôt
à satisfaire les aspirations de son âme, qui soupirait après la
Vérité incréée et qui désirait contempler de plus près la Lumière qui éclaire tout homme venant en ce monde, il donna
à l'étude exclusive de la théologie les quatre dernières années
de son séjour à Palencia. C'est un temps précieux pour un esprit bien né que celui qu'il peut consacrer ainsi à l'étude pai-
sible et désintéressée des sciences profanes et divines dans

le recueillement de la solitude, dans la liberté d'une existence assurée, dans la force et dans l'ardeur de la vingtième année. Et ce temps précieux fut pour Dominique un temps fécond, car les âmes comme la sienne connaissent le prix des choses, elles ne perdent rien de ce qui leur est donné, et elles appellent sur leurs travaux le secours qui vient d'en haut, du « Père des Lumières » et qui les fait fructifier au centuple. C'est ce qui inspira un jour à Dominique, au cours de sa carrière apostolique, cette réponse qu'il fit à un jeune homme tellement ravi de sa doctrine et de son éloquence qu'il voulait savoir où il avait étudié : « Mon fils, c'est dans le livre de la charité plus qu'en tout autre, car celui-là enseigne tout. » Il n'en demeure pas moins vrai que, pendant dix ans, il avait puisé à une source autorisée de la science de son siècle, et que, si Dieu bénit dès lors et dans la suite son travail d'une manière surnaturelle, c'est que, conformément à l'ordre que commandera toujours la sagesse, il avait d'abord employé les moyens humains à sa portée, et il n'avait pas attendu, les bras croisés, une inspiration céleste qui n'est d'ordinaire que la récompense de laborieux et persévérants efforts.

Armé de la foi et investi de la science, Dominique devait être maintenant initié au sacerdoce et aux observances de la vie monastique. Dieu, qui en avait fait un chrétien et un docteur, voulait encore en faire un prêtre et un moine. C'est ainsi qu'il entra dans le Chapitre de la cathédrale d'Osma, dont les membres, transformés en chanoines réguliers, avaient embrassé la règle de saint Augustin et où son évêque, Martin de Bazan, le sollicitait d'apporter les exemples de sa piété et les espérances de sa jeunesse. Prêtre, religieux, bientôt sous-prieur du Chapitre, formé à toutes les vertus du cloître par la direction et les conseils d'un homme admirable, dom Diego de Azévédo, son supérieur et le messager de la Providence divine auprès de lui, il passa neuf ans dans cette nouvelle préparation, qui n'était pas la dernière.

Et, pendant tout ce temps, pendant ces trente-quatre années sur lesquelles nous venons de jeter un regard, le saint était né et avait grandi d'un progrès continu dans l'enfant de Calaruéga, dans l'adolescent de Gumiel d'Izan, dans l'étudiant de Palencia, et déjà il commençait de s'épanouir dans le sous-prieur d'Osma. Ah ! mes frères, qui dira ce que c'est qu'un saint, un véritable saint ? Qui saura définir et peindre cette alliance du ciel et de la terre dans une créature qui vit ici-bas et qui habite là-haut ? Un saint, mais c'est l'homme monté en Dieu et c'est Dieu descendu dans l'homme ! C'est l'homme s'oubliant lui-même pour ne penser qu'à Dieu, et c'est Dieu semblant oublier tout pour vivre d'une nouvelle vie et rayonner d'un nouvel éclat dans celui qu'il a choisi et qui a su répondre à ce choix ! Un saint, ce n'est pas à coup sûr l'identification de Dieu et de l'homme dans l'unité de substance ou dans l'unité de personnes, mais c'est l'union, mais c'est la fusion de Dieu et de l'homme dans l'amour qui se donne sans limites et dans la conformité absolue des volontés ! Un saint, c'est une image affaiblie de Jésus-Christ ; c'est un miroir imparfait, mais véritable, où nous pouvons reconnaître et contempler en quelque mesure le Verbe de Dieu fait chair, comme Dieu se reconnaît et se contemple dans son Verbe incréé !

Et parce que la sainteté est cette union de Dieu et de l'homme que je viens de dire, il faut comprendre que le grand facteur qui la produit, après la grâce de Dieu qui prévient tout mérite, c'est la prière : la prière qui établit entre Dieu et l'homme ce commerce admirable d'où résulte l'union ; la prière qui engendre et avive l'amour, et qui, l'ayant porté à un certain degré, devient le besoin impérieux, la soif et la faim de l'amour ; la prière qui est pour tous une consolation, une joie et une force et qui devient pour les saints une extase, un enivrement et une toute-puissance ! Et voilà pourquoi, vous faisant grâce de tous les autres signes révélateurs de la sainteté en Dominique, je vous le montrerai seulement à genoux sur le pavé de la cathédrale d'Osma pendant les jours et pendant les nuits, exhalant son âme dans la prière ; ou encore je vous ferai entendre, durant ses veilles dans sa pauvre chambre fermée, les cris et comme les rugissements qu'il ne pouvait contenir et qui montaient vers Dieu, de sa poitrine émue et haletante, pour demander à Celui qui est amour une immense charité pour les hommes ses frères ; et je vous forcerai de reconnaître à ces accents que déjà Dominique était un saint !

Mais il était dit qu'il n'aurait grâce plus tard de communiquer aux autres que ce qu'il aurait appris et pratiqué lui-même, et voilà pourquoi Dieu, qui en avait fait déjà un chrétien, un savant et un moine, allait lui demander de devenir un apôtre et un prêcheur.

L'heure était bien choisie par la Providence, car l'hérésie manichéenne, toujours la même sous de nouveaux noms, infestait le midi de la France et provoquait les populations non seulement à la révolte contre Dieu et son Église, mais encore à une guerre infernale contre l'ordre et la société elle-même. C'est une erreur de croire que l'esprit de Satan change avec les siècles. Il revêt des formes différentes, mais il reste le même dans son fond, beaucoup plus redoutable, en fin de compte, pour les intérêts de l'humanité qu'il ne saurait être préjudiciable à ceux de la gloire divine.

On était à la fin de l'an 1203. Dominique avait trente-quatre ans. Des circonstances providentielles le conduisent loin de l'Espagne, en Danemark, puis à Rome, pour le ramener bientôt dans notre France, à l'endroit même où Dieu avait permis que le démon lui fît une grave blessure. Là, pendant dix années, il va devenir le croisé pacifique d'une guerre de dévouement, de patience, de douceur et d'amour. Il va parcourir ces pays infortunés, pieds nus, portant partout la vérité dans sa grandeur sereine et dans sa révélation la plus haute et la plus aimable tout ensemble ; entrant dans les maisons, conférant avec les hérétiques pendant des jours et des nuits, et choisissant parmi les ennemis de sa foi les arbitres des combats de science et de parole qu'il livrait pour elle ; opérant déjà des miracles, étonnant les peuples par ses mortifications, convertissant les âmes ; n'agissant jamais sur les adversaires que par une loyauté hardie et une persuasion douce qui sont dès lors les marques distinctives de son apostolat, et appuyant cet apostolat sur la prière par l'établissement du Rosaire, dont son Ordre a toujours gardé et honore aujourd'hui plus que jamais, sous le pape du Rosaire, le dépôt sacré et la propriété inaliénable. Et quand les horreurs de la vraie guerre seront déchainées sur ces contrées infidèles à Dieu, il continuera, lui, à travers des périls plus grands et des souffrances plus cruelles, son apostolat de parole et de prière. Lorsque, le 12 septembre 1213, sous les remparts de Muret, Simon de Montfort livre à l'ennemi une des plus belles, une des plus héroïques batailles dont l'histoire ait enregistré le souvenir, c'est dans l'église de la ville qu'il faut aller pour y trouver Dominique à genoux et priant Dieu. Et qui sait si ce n'est pas cette prière d'un saint qui donna aux huit cents cavaliers de Montfort l'étonnante puissance de culbuter et de mettre en déroute les quarante mille fantassins et les deux mille chevaux du roi d'Aragon et du comte de Toulouse? Quoi qu'il en soit, les victoires de Dominique, moins éclatantes et moins glorieuses devant les hommes que celles du vaillant chevalier, étaient meilleures encore et d'un plus grand prix devant Dieu.

Nous arrivons ainsi à l'année 1215. L'apôtre des Albigeois avait quarante-cinq ans. Qu'avait-il fait, pendant ces dix ans de missions, pour l'œuvre qui devait être la sienne? Il en avait conçu l'idée et le désir ; il avait fondé à Prouille, en 1205, un monastère de femmes qui devaient être les prémices de son Ordre, parce que cet Ordre devait sortir de la prière collective comme lui-même avait grandi dans la prière isolée ; enfin, et au bout d'un long temps, il avait réuni six disciples autour de lui dans une maison de Toulouse : et c'était tout, c'est-à-dire presque rien. A la fin de 1215, Dominique va à Rome pour demander au pape Innocent III l'approbation d'un Ordre qui n'existait pas. Ce fut l'heure décisive de sa vie. Du grain de sénevé, l'autorité du pape, jointe à la sainteté de Dominique, allait faire naître un arbre gigantesque qui, en six ans, couvrirait l'Europe de ses rameaux.

C'est cette œuvre sur laquelle nous devons jeter un regard avant de terminer. Je serai très court, car ce serait un contre-sens de raconter longuement ce que Dieu a fait si vite

II

Le succès rapide d'une œuvre pareille était d'autant plus étonnant que la pensée du fondateur était plus neuve et plus hardie. Elle pouvait se résumer ainsi : créer un Ordre qui joignît aux observances de la vie monastique l'apostolat extérieur par la prédication de la parole divine et par l'enseignement de la science sacrée : en un mot, créer le moine apôtre ou le Frère Prêcheur. Les deux termes de cette formule devaient sembler contradictoires aux contemporains de celui qui avait osé la concevoir. Jusque-là, en effet, le moine n'était jamais sorti de son cloître que pour labourer les champs ou accomplir d'autres travaux de ce genre; jamais il n'avait paru dans le monde et ne s'était mêlé à lui en invoquant l'intérêt des âmes qui eût apparu à tous comme un prétexte de zèle cachant un désir de liberté. De plus, la fonction principale que Dominique avait en vue pour ses disciples était la prédication, et les évêques s'étaient jusqu'alors réservé cet office comme le premier et le plus important de leur charge. L'évêque docteur, l'évêque organe de la parole divine ne confiait cette mission à d'autres que dans dans des cas particuliers et en vertu d'un mandat temporaire et toujours révocable ; et Dominique voulait répandre sur le monde une armée de prédicateurs qui ne relèveraient directement que de leurs supérieurs propres et du pape. Enfin, le quatrième Concile de Latran, qui venait de se tenir à Rome en cette même année 1215, avait exprimé le vœu que, en raison de leur nombre déjà trop considérable, il ne fût plus créé de nouveaux ordres monastiques.

Aussi, quand le saint s'ouvrit de ses projets au grand Pontife Innocent III, il le trouva peu disposé à les accueillir favorablement. Mais il allait triompher quand même et sortir de l'impasse par un miracle que fit Dieu et par une heureuse pensée qui vint au pape.

Une nuit, il sembla à Innocent III, dans son sommeil, que la basilique de Saint-Jean de Latran était près de s'écrouler et que Dominique en soutenait les murailles chancelantes. C'en fut assez pour le convaincre. Il comprit que l'avertissement venait de Dieu et il en tint compte. Il appela Dominique ; il approuva verbalement son projet ; et, pour tourner la difficulté qu'avaient fait naître les dispositions du Concile, il le pria de prendre, parmi les règles existantes, celle qui lui plairait le mieux et de l'accommoder à son dessein.

Fort de cette première approbation, qui porta la fécondité avec elle, Dominique revint à Toulouse, où, au lieu de six disciples, il en trouva seize. Il les assembla à Prouille, au printemps de 1216 ; et là, choisissant de préférence la règle de saint Augustin, qui n'était, à vrai dire, qu'un cadre fort large, il établit les premiers statuts de son Ordre et en détermina l'organisation.

Jamais une liberté plus vraie, un esprit plus large, un respect plus sincère de la personne ne s'allièrent avec une hiérarchie plus simple et plus forte et un pouvoir central mieux armé pour le gouvernement et mieux défendu contre ses propres excès. Sous la forme d'une monarchie, l'Ordre des Frères Prêcheurs est la plus véritable et la plus sage des Républiques. Le suffrage universel est à la base, dans le choix du prieur conventuel, et, à tous les degrés, l'autorité est conférée par un collège d'électeurs compétents pour monter ainsi par libre consentement jusqu'au maître général, et redescendre ensuite, par la confirmation des pouvoirs, du maître général au dernier des prieurs conventuels.

Au mois de décembre de l'année 1216, Honorius III, qui venait de succéder sur le trône pontifical à Innocent III, confirmait l'Ordre des Frères Prêcheurs par deux bulles solennelles, où ils méritaient déjà d'être appelés « des champions de la foi et de vraies lumières de l'Église ».

L'Ordre des Prêcheurs était fondé : Dominique n'avait plus qu'à le répandre. Il n'avait pourtant que seize religieux. Mais, confiant dans cette maxime, qu'il faut semer le grain afin qu'il lève, et non l'entasser, de crainte qu'il ne se corrompe, confiant surtout dans la bénédiction de Dieu, qui était sur lui, il répartit son petit troupeau entre Prouille, Toulouse, Paris et l'Espagne, et, gardant avec lui un seul de ses disciples, il se réserva Rome et Bologne.

La capitale du monde catholique vit alors ce spectacle, peut-être unique, d'un homme arrivé dans ses murs avec un seul compagnon de voyage et réunissant en moins d'un an cent religieux dans un monastère, tandis qu'il peuplait de femmes un autre cloître de la ville éternelle. Il est vrai que les miracles ne coûtaient pas à celui qui, dans le même temps guérissait des malades, rappelait trois morts à la vie, et obtenait que les Anges de Dieu servissent à discrétion du pain et du vin sur les tables du réfectoire où l'on n'avait pu disposer que des plats et des verres vides.

Ayant fondé, dans l'espace d'un an, les couvents de Saint-Sixte et de Sainte-Sabine, le saint patriarche put encore revoir sa patrie et y établir plusieurs monastères ; passer à Paris d'où il envoya des religieux aux quatre coins de la France ; parcourir l'Italie, où les cloîtres prospèrent et se multiplient sous ses pas, où il institua un Tiers-Ordre qui devait sanctifier des milliers d'âmes, et où il alla mourir à Bologne, au couvent de Saint-Nicolas, le 6 août 1221, à l'âge de cinquante-et-un ans, ayant présidé lui-même deux chapitres généraux et divisé son Ordre en huit provinces, comprenant soixante maisons sorties du sol et peuplées de religieux en moins de quatre années.

Tel fut Dominique, l'un des plus grands hommes dont s'honore l'Église ; tel fut son Ordre, l'une des plus fermes colonnes qui en soutiennent l'édifice.

Il faudrait pouvoir mettre en lumière son humilité qui fut admirable ; sa mortification, qui fut rigoureuse ; sa pauvreté, qui fut extrême ; sa chasteté, qui en fit un ange ; sa puissance sur les créatures et sa clairvoyance de l'avenir, qui étonnèrent les peuples ; sa charité, qui ne montait vers Dieu avec des élans passionnés que pour se répandre ensuite sur les hommes avec des effusions touchantes ; son génie vaste et hardi qui n'eut d'égal que sa douceur et sa tendresse ; son activité prodigieuse enfin qui, après avoir consacré les journées aux hommes, trouvait encore le secret de donner les nuits à Dieu : toutes choses qui font de lui un saint des temps les plus héroïques, et qui autorisaient Grégoire IX, son ancien ami et le gardien vigilant de sa gloire, à rapprocher son nom et son souvenir de ceux des grands Apôtres Pierre et Paul.

Mais à quoi bon tant de considérations? Notre-Seigneur l'a dit : c'est à leurs fruits qu'on peut connaître les hommes. Je regarde la famille dont Dominique est le père, et je la vois couvrant le monde de la robe et du scapulaire blancs que la Vierge Marie avait montrés au bienheureux Réginald en lui disant : « Voici l'habit de ton Ordre. » Je vois au nombre de ses enfants quatre papes, des légions d'évêques, de vierges, de martyrs; un docteur qui n'a pas de rival et dont la science toute céleste a trouvé pour hérauts des hommes d'une éloquence consommée. Quant aux saints qui sont nés des cendres de Dominique, je n'entreprendrai pas d'en dresser la liste : j'imiterai le passant, qui n'essaie pas de compter les fruits dont le riche fardeau fait fléchir l'arbre de nos vergers aux jours précieux de l'automne.

Si l'Église, menacée des plus grands périls à l'aurore du xiii* siècle, atteignit cinquante ans plus tard l'apogée de sa grandeur et de sa beauté, c'est à Dominique de Gusman qu'elle le dut et à François d'Assise.

Mais ce n'est peut-être pas là ce qui m'étonne davantage. Ce que j'admire surtout, c'est que l'Ordre des Frères Prêcheurs, fondé en 1215, ait pu mériter les suffrages et conquérir les sympathies des esprits les plus généreux et les plus hardis de notre xix* siècle. Mes Frères, quand on débitera devant vous ces calomnies absurdes et ces fables stupides qui circulent encore sur le moyen âge, vous demanderez à ces religieux, qui conservent à votre ville la bénédiction de leur présence, ce qu'il en faut penser. Et ils vous diront qu'ils sont les vrais fils de Dominique de Gusman, moine et apôtre du xiii* siècle; ils vous diront qu'ils ont gardé sa doctrine, ses pratiques et ses lois; ils vous diront que, pour vous étonner par la largeur de leur esprit, ils n'ont eu qu'à rester ses disciples, affranchis de la crainte par l'amour et de la servitude par la libre obéissance à un gouvernement de leur choix; ils vous diront enfin que, si le respect de la liberté avait toujours régné dans les conseils de l'État comme il règne dans les leurs, ce n'est point dans cette église, — qu'on leur ouvre pourtant de si bonne grâce, — que j'aurais eu aujourd'hui l'honneur de louer leur glorieux patriarche!

Quant à moi, mes Révérends Pères, vous me permettrez bien de saluer et d'honorer en vous les descendants du grand Dominique, les fils du XIIIᵉ siècle et les meilleurs enfants du nôtre!

Paris. — J. Mersch, imp., 4ᵇⁱˢ, Av. de Châtillon.